27
Ln 11112.

LAKANAL

SA VIE

SES TRAVAUX A LA CONVENTION

ET AU CONSEIL DES CINQ-CENTS

PAR

M. ISIDORE GEOFFROY SAINT-HILAIRE

Extrait de LA LIBERTÉ DE PENSER, n°s 17 et 18, avril et mai 1849

PARIS

AU BUREAU DE LA REVUE

RUE DES PETITS AUGUSTINS, 5

ET CHEZ JOUBERT, LIBRAIRE, RUE DES GRÉS, 14

1849

LAKANAL.[1]

I.

Parmi les personnages que la Révolution fit surgir de 1789 à 1795, le conventionnel illustre dont nous allons essayer de retracer la vie, se présente avec des titres qui lui assignent une place à part dans l'histoire. Par plusieurs traits de sa physionomie, il est bien de la famille de ces hommes austères, énergiques, ardents, qui firent de la Convention nationale la plus terrible, mais aussi la plus grande de nos assemblées. Lakanal est probe, désintéressé, vertus presque communes à cette époque ; il est généreux et humain jusqu'à l'oubli de lui-même ; sa fer-

---

(1) Cette notice a été composée en décembre 1848 et janvier 1849.

Aux nombreux documents inédits qu'il possédait depuis plusieurs années sur Lakanal, l'auteur a pu joindre tout récemment d'autres matériaux non moins précieux. Le moment est donc venu où il peut rendre à la mémoire du président du Comité d'instruction publique à la Convention, l'hommage qu'il lui doit à bien des titres, comme héritier de la reconnaissance de son père (Voy. *Vie et travaux de Geoffroy Saint-Hilaire*, p. 24 et 417), comme honoré lui-même durant plusieurs années de l'amitié de Lakanal, et comme membre de deux corps qui reconnaissent en lui l'un de leurs illustres fondateurs.

meté, son attachement à ce qui est ou à ce qu'il croit son devoir,
est inébranlable; son dévouement à la patrie est sans bornes,
et quand vient le moment de lui payer sa dette, il fait, général
improvisé, des prodiges impossibles en d'autres temps. Mais
la gloire de Lakanal n'est pas là. A côté de ceux qui sauvent la
France, il est, avec Condorcet, avec Daunou, celui qui l'éclaire;
à côté de ceux qui lui donnent dans le présent la supériorité
militaire, celui qui veut assurer dans l'avenir sa suprématie intellectuelle. Et quand la République, ensanglantée par les pro-
scriptions, déchirée par deux guerres civiles, envahie par l'Europe coalisée, voit partout au dedans et au dehors des ennemis
armés ou secrets; quand les âmes vulgaires se prennent à douter qu'il y ait pour elle un lendemain, Lakanal, calme et mé-
ditant, comme au sein de la paix, sur les progrès futurs de
l'esprit humain, fonde, pour les siècles suivants, d'impérissables
institutions scientifiques.

Tel est Lakanal. Quand Jourdan, Hoche, Kellermann, à la
tête de nos armées; quand l'immortel Carnot, au sein du Comité
de salut public, couvrent du moins des lauriers de la victoire les
plaies saignantes de la patrie, son collègue prépare déjà pour
l'avenir les palmes fécondes de la paix!

Comment rendre ces pages dignes de l'homme qui, en trois
années (et quelles années!), fit peut-être autant pour les lettres
et fit plus pour les sciences qu'aucun roi de France durant tout son
règne; du second fondateur du Muséum d'histoire naturelle; du
créateur de l'École normale, du Bureau des longitudes et de
l'École des langues orientales; de l'organisateur de l'Institut;
du bienfaiteur et du sauveur des savants et des gens de lettres;
de l'auteur de la loi sur la propriété littéraire, de l'établissement de la télégraphie et de tant d'autres institutions dont nous
recueillons aujourd'hui le fruit; de celui, enfin, qui eut l'honneur d'ouvrir les écoles centrales et de rouvrir les écoles primaires? De tels services ne se louent pas; ils se racontent. Cet
article ne sera donc qu'un récit en termes simples, et par là seulement nous pouvons espérer rendre cet hommage moins indigne
de l'austère républicain. Lui-même, d'ailleurs, ne semble-t-il
pas avoir pris soin de nous apprendre comment on doit honorer
une telle mémoire, lui qui nous a donné à la fois l'exemple et le
précepte; lui que nous entendons, que nous voyons encore,
debout, à quatre-vingt-deux ans, sur la tombe d'un ami d'un

demi-siècle, imprimant au simple récit d'une noble et belle vie
la majesté de son âge et de ses souvenirs, et prononçant solennellement cette maxime que son ferme accent gravait dans tous
les esprits : « L'éloge doit être le tableau de la vie de l'homme ! »

II.

Joseph Lakanal est né, le 14 juillet 1762, à Serres, village
situé au centre du département de l'Ariége. Sa famille appartenait à la bourgeoisie : un de ses oncles était engagé dans les
ordres, et devint, vers le commencement de la Révolution, évêque
constitutionnel de Pamiers.

Le jeune Joseph entra de bonne heure dans un collége d'Oratoriens. Ses études terminées à dix-huit ans, la Congrégation,
désirant s'attacher un jeune homme d'une aussi grande espérance, lui confia, à Lectoure, une chaire de grammaire, et
bientôt, à Moissac, à Gimont, à Castelnaudary, des chaires d'un
ordre plus élevé. En même temps, Lakanal, par les conseils de
son oncle, se préparait à recevoir les ordres, et, lorsque le
moment en fut venu, il entra au séminaire de Saint-Magloire.
Comme en Daunou, qui fut alors son condisciple, on entrevit en
lui un membre distingué du clergé, et les deux futurs convention-
nels virent s'abréger toutes les épreuves qui les séparaient de la
prêtrise. Mais on ne se hâta pas tellement que Lakanal n'eût le
temps de s'interroger de nouveau sur les vraies dispositions de
son esprit et de son cœur, et le résultat de ses hésitations fut
l'ajournement indéfini de son ordination. En pareil cas, un ajournement n'est guère que la transition à une résolution négative :
Lakanal, en effet, n'a jamais été prêtre ; et si quelques biographes nous le représentent exerçant, en 1794, de hautes fonctions ecclésiastiques, ils se trompent, sans doute pour l'avoir
confondu avec son oncle (1).

Pour lui, à peine sorti du séminaire, il était rentré dans les
colléges de l'Oratoire. Ses supérieurs le nommèrent successivement régent de rhétorique à Périgueux et à Bourges, où il fit en
même temps partie de la Faculté des arts : il avait été reçu doc-

(1) Les collègues de Lakanal dans la députation de l'Ariége à la Convention
avaient depuis longtemps rétabli la vérité sur ce point par une déclaration que
cite Lakanal, *Lettre aux rédacteurs de la Biographie des hommes du jour;*
Voy. t. VI de ce recueil, part. II, p. 401 ; 1841.

teur à Angers. Un seul degré lui restait maintenant à franchir : en 1785 il passa à Moulins en qualité de professeur de philosophie.

A cette époque, et plus tard encore, Lakanal, de mœurs et de goûts simples, ami de l'étude, n'étendait pas ses désirs au delà de ses modestes devoirs : son avenir ne lui apparaissait encore que comme la paisible continuation de son présent. Le grand mouvement qui, en 1789, agite la France, semble, un instant, s'arrêter aux portes du cloître ; et le pays tout entier aspire avec passion un avenir inconnu, que Lakanal ne vit encore que pour la culture des lettres et le commerce de l'antiquité. Mais les portes du cloître ne sauraient être si bien closes, que le serment du Jeu de paume, que la prise de la Bastille n'y aient un écho ; et bientôt Lakanal se découvre lui-même et se révèle à ses concitoyens. Et lorsque, en 1792, au lendemain de la chute du trône, la nation confie ses destinées à une assemblée nouvelle, le jeune professeur y est appelé par les suffrages des électeurs de l'Ariége.

§ III.

Lakanal avait trente ans, et de la France entière il ne connaissait que le séminaire de Saint-Magloire et les colléges des Oratoriens. Nulle expérience des choses du monde, mais aussi nuls de ses préjugés : c'est un homme nouveau pour une situation nouvelle. Heureusement aussi, c'est un grand cœur pour une grande œuvre, et l'on verra bientôt que Lakanal n'est pas né seulement pour faire admirer à ses élèves les vertus antiques : il saura les faire revivre en lui.

La Convention s'ouvre. Sur ses bancs, près des brillants orateurs de l'Assemblée législative, viennent s'asseoir, et les penseurs de l'Assemblée constituante, sortant, après une année, de la retraite qu'eux-mêmes s'étaient imposée, et les hommes d'action, nouveaux venus de la Révolution, que le dix août avait fait surgir du sein du peuple. Entre tous ces personnages si différents d'origine et de tendances, il n'y avait, pour les unir, qu'un patriotisme, égal peut-être chez tous, mais dont les aspirations étaient diverses ; il y avait, pour les diviser, d'ardentes, de tumultueuses passions qu'allaient exalter encore les dangers de la patrie. Dès le premier jour, l'avenir de l'Assemblée se résumait déjà dans la promesse de glorieux, d'héroïques triomphes, mais aussi dans la menace de luttes violentes, d'affreux déchirements et de calamités inouïes.

Quand Lakanal se voit, lui, obscur et inexpérimenté, en présence de tels hommes et à la veille de tels événements, il se demande ce qu'il pourra faire, ce qu'il fera pour son pays. Pour le modeste Oratorien, le moindre rôle suffira, pourvu qu'il y soit utile. A d'autres donc les succès de la tribune, les hautes influences politiques ; à d'autres, l'éclat du pouvoir. Pour lui il ne sait ou croit ne savoir qu'une chose : enseigner ; il s'occupera des écoles. Lakanal exprime donc le désir de faire partie du Comité d'instruction publique, et il y devient le collègue de Sieyès, de son compagnon d'études théologiques Daunou, de Grégoire, presque aussi dévoué que Lakanal lui-même aux sciences et aux lettres (1) ; de Chénier, de David, de Fourcroy, de Boissy d'Anglas, des évêques de Nancy et de Beauvais, et de plusieurs anciens membres des corps enseignants, les uns principaux de colléges, les autres recteurs d'universités.

Entre tous ces noms, les uns dès lors historiques, d'autres destinés à le devenir, et la plupart honorablement connus à divers titres, celui de Lakanal était peut-être le plus obscur de tous. L'Oratorien s'attendait à rester perdu dans la foule, et ce serait, pensait-il, rester à sa place. Mais, en ces temps, on jugeait vite les hommes. Peu de semaines s'étaient écoulées que Lakanal passait, selon l'expression de Grégoire (2), pour la *cheville ouvrière* du Comité, et que ses collègues lui déféraient la présidence par un vote presque unanime. Et depuis, pendant toute la durée de la Convention, Lakanal se vit, presque sans interruption, réélu, chaque mois, membre du Comité d'instruction publique par l'Assemblée, et président par le Comité.

(1) Grégoire écrivait un jour à Lakanal, et il avait le droit de s'exprimer ainsi :

« Cette démarche de votre part est la millième preuve de votre dévouement à la cause de la liberté et des sciences. Favorisons, par tous les moyens, cette double cause : *elle sera toujours la vôtre et la mienne, fût-elle réduite à n'avoir plus que ces deux avocats.* »

Ce fragment de lettre a été inséré par Lakanal, dans son *Exposé de ses travaux.* Voy. ci-après.

(2) *Documents (inédits) sur Lakanal,* par M. Lélut, l'un de ses plus chers et de ses plus fidèles amis durant les dernières années de sa vie.

Nous aurons plusieurs fois à citer ces *Documents,* dont la bienveillante communication nous a été du plus grand secours pour la rédaction de cette notice.

Il avait donc maintenant le pouvoir comme la volonté, ce sont ses propres paroles que nous reproduisons (1), « de servir son » pays en défendant la cause des lettres... ; de sauver les sciences » et ceux qui les honoraient par leurs travaux... ; de combattre » le vandalisme en provoquant l'établissement des institutions » consacrées à l'instruction publique. » « Voilà, ajoute-t-il, mon point de départ irrévocablement arrêté ; *voilà la mission toute spéciale que je m'étais assignée.* »

Et jamais mission ne fut plus complétement, plus heureusement remplie. Tout ce qu'il s'était promis à lui-même, Lakanal l'accomplit. Placé entre le Comité des finances qui ne connaît qu'un besoin, l'économie, et la foule de ceux qui ne voient dans les sciences, les lettres et les arts qu'une inutile aristocratie de l'esprit, Lakanal semble devoir toujours échouer, et presque toujours il réussit. C'est une lutte où, durant trois années, la victoire, souvent emportée de vive force, parfois aussi adroitement obtenue, reste à la bonne cause.

Il en fut cependant autrement lorsque vint la question des académies. Lakanal voulait la conservation de ces grandes compagnies qui, pour avoir été fondées par des rois, n'eussent pas moins honoré la République, et qui déjà venaient de la servir. En mai 1793, il réussissait même à faire rendre en faveur de l'Académie des sciences un décret qui, sauvegardant pour le présent ses intérêts financiers, semblait par cela même garantir son existence dans l'avenir (2). Mais la Convention ne tint pas l'engagement implicite que Lakanal avait essayé de lui faire contracter ; et toutes les académies, coupables du double crime d'une royale origine et d'habitudes aristocratiques, furent abo-

(1) *Exposé sommaire des travaux de J. Lakanal*, un vol. in-8. Paris, 1838. Afin de n'avoir pas à reproduire plusieurs fois ce titre, nous prévenons à l'avance que toutes celles de nos citations dont l'origine n'est pas indiquée, sont des emprunts faits à ce livre.

(2) Nous ne pouvons, faute d'espace, citer la lettre tout entière, par laquelle le secrétaire de l'Académie des sciences remerciait Lakanal, au nom de cette illustre compagnie, du décret de mai 1793. Nous nous bornerons à en transcrire quelques lignes :

« Citoyen législateur,

» L'Académie des sciences a reçu, avec le plus vif intérêt, la lettre que vous » avez écrite pour lui annoncer le décret rendu par la Convention nationale... » Vous avez acquis des droits à la reconnaissance des véritables savants. » L'Académie en particulier connaît tout le prix de ce que vous avez bien » voulu faire pour elle, et j'ose vous assurer qu'elle n'en perdra jamais le » souvenir. »

lies au nom de l'égalité. Nous les verrons bientôt, sur l'initiative de Daunou et par les efforts de Lakanal, renaître dans l'Institut, plus brillantes et plus respectées que jamais.

Après ce revers, suivons-le dans ses bienfaisants succès (1).

Le peuple, vainqueur de Louis XVI au dix août, le poursuivait encore dans ce qui lui avait appartenu : il voulait extirper du sol de la France jusqu'aux souvenirs de la monarchie, et à ce titre, les monuments, les objets d'art, ornements des demeures royales, tombaient de toute part sous des mains égarées. Lakanal, indigné surtout des dévastations commises sous les yeux même de la Convention dans le jardin des Tuileries, les dénonce énergiquement, et les fait réprimer par un premier décret. Quelques semaines après, le 4 juin 1793, il demande de nouveau la parole : « Les monuments nationaux, s'écrie-t-il, reçoivent tous » les jours les outrages du vandalisme. Des chefs-d'œuvre sans » prix sont brisés ou mutilés. Les arts pleurent ces pertes irré- » parables. Il est temps que la Convention arrête ces farouches » excès... C'est au nom de la cité entière que je vous demande » de protéger les arts. » Et Lakanal demande et obtient que le décret précédemment voté soit étendu à la République entière.

Ce décret conservateur est suivi, à six jours de distance, d'un autre plus important encore : après les intérêts des arts, ceux des sciences.

De création royale comme les académies, et même plus royal qu'elles, car ce n'était, depuis plus d'un siècle et demi, qu'une annexe de la Maison du roi, le Jardin des Plantes eût sans nul doute subi le même sort. Mais Lakanal prévint le coup. Et par cet exemple, qui nous est mieux connu que tout autre, que l'on juge Lakanal. Il apprend un matin que des *Vandales*, expression dont lui-même s'est servi, vont attaquer devant la Convention l'établissement ex-royal. Le même jour, à trois heures, il est chez Daubenton (2), appelle au conseil Thouin et Desfontaines, et reçoit d'eux, avec de précieuses notes, un mémoire rédigé en 1790 pour l'Assemblée constituante. Le lendemain, 10 juin

______

(1) Revers et succès, nous ne nous occuperons que des grandes mesures d'intérêt général pour les sciences, les lettres et les arts. Suivre dans le détail les services d'un homme qui eut de fait, durant trois ans, la direction et la haute administration de l'instruction publique, serait ici de toute impossibilité.

(2) Geoffroy Saint-Hilaire, *Études progressives*, Discours prélim., p. 10.

1793, il est à la tribune, et les *Vandales*, rendus muets par la surprise, l'entendent lire un rapport écrit durant la nuit, et présenter un vaste projet, aussitôt converti en loi : le Jardin royal des Plantes était érigé en Muséum national d'histoire naturelle. Ainsi fut sauvé, en vingt-quatre heures, et sauvé par une mesure qui, en le transformant, l'agrandissait, un établissement qui, sous sa forme actuelle, admiré et partiellement imité par toutes les nations civilisées, ne reste pas moins, dans son harmonique ensemble, unique encore en Europe (1).

Le 19 et le 25 juillet sont encore, dans la vie de Lakanal, deux dates mémorables : disons plus, deux dates mémorables dans l'histoire de notre pays; car les faits qu'elles rappellent, ne sont rien moins que la propriété littéraire et artistique pour la première fois reconnue et proclamée, et le télégraphe établi.

La loi du 19 juillet n'est pas, au même titre que les précédentes, l'œuvre personnelle de Lakanal, mais l'œuvre collective des principaux membres du Comité d'instruction publique. La rédaction semble d'ailleurs avoir été faite par Lakanal, et le rapport est assurément son ouvrage : son style et sa pensée y sont également reconnaissables. « Comment croire, dit-il, qu'une
» aussi grande révolution que la nôtre ait été nécessaire pour
» nous ramener, sur ce point comme sur tant d'autres, aux
» simples éléments de la justice la plus commune?... Des pirates
» littéraires s'emparent des productions du génie, et l'auteur
» ne marche à l'immortalité qu'à travers les horreurs de la mi-
» sère. » Et rappelant ici Corneille dépouillé pendant sa vie du fruit de ses propres créations, ses fils morts dans la pauvreté, il appuie et pour ainsi dire consacre par ce grand souvenir le

______

(1) « Vous êtes le nouveau fondateur de notre établissement, » écrivait à Lakanal l'illustre Desfontaines, premier secrétaire de l'administration du Muséum, « et nous ne perdrons jamais de vue les services importants que vous
» lui avez rendus. »

Et trente ans après, Lakanal put se convaincre, en effet, qu'on n'avait point oublié au Muséum celui qui avait été en 1793 le sauveur et le second fondateur, en 1794 et 1795 le constant et zélé protecteur de l'établissement. Quand Deleuze, en 1823, rédigea son *Histoire du Museum*, les professeurs y firent insérer une relation détaillée des faits que nous venons de rappeler, et un exemplaire fut envoyé à Lakanal, alors réfugié en Amérique, avec cette dédicace *datée du 10 juin* 1823, et signée de tous les professeurs :

« *A M. Lakanal, pour le remercier du décret du* 10 *juin* 1793. »

Lakanal fut vivement touché de cet hommage, presque le seul qui soit venu le consoler dans l'exil.

décret qu'il propose, et que l'Assemblée s'empresse d'adopter.

La Convention nationale eût-elle eu, sans Lakanal, l'honneur de doter le pays du télégraphe? Nous n'hésitons pas à répondre: non. Chappe présente, en 1792, son ingénieuse machine à l'Assemblée législative : on n'y donne nulle attention. Il la soumet, en 1793, à la Convention, et celle-ci, « plus zélée, dit Lakanal, pour tout ce qui intéresse la gloire des sciences et des arts, » nomme une commission. Mais Chappe en est-il beaucoup plus près du succès ! Sa correspondance de cette époque, heureusement conservée par Lakanal, nous le montre découragé par le mauvais vouloir des uns, l'indifférence des autres, traité de rêveur, «rebuté de toutes parts», réduit, lui-même le dit, «à désespérer entièrement du succès,... à abandonner son projet; » et pourtant, s'écrie-t-il « je n'en persiste pas moins » dans ma ferme persuasion. » Mais Lakanal intervient. Assez sagace pour deviner l'importance future de l'invention de Chappe, assez persévérant pour ne s'arrêter devant aucun obstacle, il se met à l'œuvre, étudie tous les éléments de la question, expérimente en petit avec Chappe, en grand avec Daunou et Arbogast, cherche et trouve le moyen de réduire les dépenses de premier établissement, convainc, une fois convaincu, et le Comité et la Convention, fait décerner une récompense nationale à l'inventeur, obtient des fonds pour une première ligne, et imprime à l'exécution des travaux une incroyable activité. Son rapport est du 25 juillet; un mois après on pouvait communiquer de Paris à la frontière du Nord ; et le 1ᵉʳ septembre, patriotique inauguration d'un art tout français! Carnot lisait à la tribune une dépêche ainsi conçue : « Citoyens, Condé est restitué à la République : *la reddition a eu lieu ce matin à six heures !* »

La loi sur la télégraphie est la dernière mesure importante que l'on ait due à Lakanal en 1793. Deux décrets sur l'organisation générale de l'instruction publique, rendus le 15 et le 19 septembre, tous deux pleins de vues hardies et fécondes, mais tous deux inexécutés, et peut-être inexécutables, avaient été en partie préparés par Lakanal ; mais il n'en fut ni le rédacteur, ni le rapporteur. La Convention lui avait confié une importante mission qui, durant plusieurs mois, le tint éloigné de Paris (1).

En juillet 1794, nous le retrouvons à la tribune. S'inspirant

(1) Voy. plus bas.

des grandes vues développées par Condorcet devant l'Assemblée législative , il propose et défend avec chaleur un vaste projet de loi sur l'instruction primaire. Mais, cette fois, il a pour adversaire Robespierre lui-même. Le 1er juillet, dans ce même mois qui allait voir sa chute et son supplice, Robespierre, et c'est presque sa dernière victoire, fait rejeter le projet de loi. « Il avait » ses vues, » s'écrie Lakanal vivement irrité d'un échec si dommageable au pays, « pour faire repousser nos idées régénéra- » trices !... Ils avaient leurs motifs pour vouloir tout couvrir de » ténèbres, ces tyrans prêts à traiter de criminels ceux qui au- » raient parlé d'instruction et de lumières ! »

Aussitôt après le neuf thermidor, dès que « la tempête, dit Lakanal, a cessé de soulever les flots, » il se met à l'œuvre, ou plutôt il redouble d'activité. En huit mois, d'octobre 1794 à juin 1795 , il prépare, présente et fait voter cinq décrets qui restent pour sa mémoire et pour la Convention autant de titres d'honneur. Les lois du 29 octobre 1794, du 2 avril et du 24 juin 1795 , dates que l'histoire doit enregistrer, fondent trois grandes institutions, l'École normale, l'École des langues orientales, le Bureau des longitudes ; celles du 17 novembre 1794 et du 25 février 1795, organisent les écoles primaires et les écoles centrales. C'est l'édifice tout entier de l'instruction publique qui vient d'être reconstruit.

C'est Lakanal, la reconnaissance des contemporains a pris soin de le proclamer (1), qui prit, au Comité d'instruction publique, l'initiative de la création du Bureau des longitudes. Présenté au nom des intérêts de la marine et de la science, le projet que Lakanal avait élaboré, d'accord avec Laplace et Lalande, trouva dans Grégoire un ferme et heureux défenseur, et fut accueilli avec faveur par la Convention. Deux géomètres, Lagrange et Laplace, quatre astronomes, Lalande, Cassini , Méchain, Delambre, deux navigateurs, Borda et Bougainville, composèrent ce premier Bureau des longitudes, dont l'illustration a pu et pourra être égalée , jamais surpassée.

______

(1) Voy. la *Connaissance des temps pour l'an IV*, publiée par ordre du Bureau des longitudes , p. 201.

Quand cet ouvrage eut paru, Lalande écrivit à Lakanal : « J'ai bien à cœur » de vous présenter la *Connaissance des temps* au nom du Bureau des lon- » gitudes, qui vous reconnaît pour son créateur, et qui veut vous rendre hom- » mage en cette qualité. »

Nous trouvons encore dans Lakanal le principal fondateur et l’organisateur de cette grande École normale, instituée, vue alors si nouvelle, pour « enseigner, non les sciences, mais l’art de les enseigner ; » cette grande école dont Garat disait : « Il » faut qu’elle soit la première du monde ! » et qui le fut ; où Lagrange, Laplace, Monge, Berthollet, Hauy, Daubenton, Bernardin de Saint-Pierre eurent pour auditeurs Fourier, Lacépède, et tant d’autres devenus nos maîtres illustres : réunion sans exemple de professeurs admirés et de disciples déjà renommés. Qu’il fut beau le jour où, en présence de quatorze cents élèves accourus de tous les points de la République, en présence des douze professeurs, Lakanal et Sieyès, délégués par la Convention, montèrent les premiers dans cette chaire qu’une leçon de Laplace allait inaugurer, et où, tous debout et en silence, Lakanal déclara l’École normale ouverte, « donnant » pour toute installation la grave et simple lecture du décret » fondateur ! (1) »

Est-ce parce que la création des autres écoles jeta moins d’éclat ? Les documents nous manquent ici pour déterminer ce qui, dans l’œuvre collective du Comité, fut l’œuvre propre de Lakanal. Un seul point excepté, l’organisation de dix-neuf écoles centrales due à l’activité toute personnelle de Lakanal, ses travaux et ceux de ses collègues se sont dès longtemps confondus dans un effort commun vers le bien public, et les témoins ne sont plus qui pouvaient dispenser à chacun sa part de dévouement et d’honneur.

Et maintenant, après avoir énuméré tous ces décrets réparateurs, toutes ces lois créatrices auxquelles Lakanal a attaché son nom, essayerons-nous de les juger, d’en apprécier la valeur et la portée ?

Pour la plupart, c’est une tâche facile. Le juge souverain en de telles questions, le temps, a prononcé. L’École des langues

---

(1) Nous empruntons ces mots à un passage, que nous voudrions pouvoir citer en entier, du discours prononcé en décembre 1847 par l’honorable directeur de l’École normale, M. Dubois, dans la séance d’inauguration du local actuel (*Journal général de l’instruction publique*, déc. 1847). — Les nobles paroles par lesquelles M. Dubois rappela les travaux de Lakanal, furent accueillies par les plus vives sympathies du jeune auditoire. On put voir, dans cette mémorable séance, combien l’École normale actuelle s’honore d’être la continuation de la grande École de 1795, et se plaît à reconnaître dans Lakanal son premier fondateur.

orientales, le Bureau des longitudes, après plus d'un demi-siècle écoulé, sont encore, agrandis seulement dans leurs cadres, ce que les a faits Lakanal. Il en est de même du Muséum d'histoire naturelle, et la *loi Lakanal*, selon le nom qu'elle tient dès longtemps de la reconnaissance des naturalistes, n'a cessé de régir l'établissement, aussi bien dans sa splendeur actuelle que dans ses humbles débuts. L'École normale, deux fois détruite, deux fois rétablie, a reçu une institution nouvelle; mais l'idée subsiste et subsistera toujours, et, disons-le, pour la rendre complétement féconde, il a presque suffi d'en restreindre l'application. Ajouterons-nous enfin que l'art télégraphique a réalisé, a dépassé les espérances de Lakanal? La machine de Chappe fonctionne aujourd'hui dans toutes les parties du monde civilisé.

Les lois sur les écoles primaires et les écoles centrales, bien qu'ici le génie de Condorcet s'allie à la pensée de Lakanal et de ses collègues, ont été moins heureuses : dès 1800 et 1802, elles faisaient place à une législation nouvelle, qui elle-même fut de peu de durée. Est-ce à dire que le temps les ait complétement condamnées? Non. Sans distinguer dans ces lois les parties que nous ne pouvons plus vouloir de celles que peut-être nous ne voulons pas encore, il est incontestable que plusieurs des vues émises par Lakanal ont été acceptées depuis par tous les législateurs; que d'autres, momentanément abandonnées, ont été reprises avec avantage, ou semblent au moment de l'être. L'association, dans une large proportion, des études scientifiques aux études littéraires, n'est-elle pas redevenue, depuis deux ans surtout, l'un des principes de notre instruction secondaire? La nécessité de concilier « le droit imprescriptible et sacré » du père avec le droit et l'intérêt de l'État, n'est-elle pas le nœud vital de tous les systèmes discutés depuis peu? Les moyens d'émulation proposés par Lakanal n'ont-ils pas été réclamés récemment par des hommes qui croyaient faire un emprunt à l'Allemagne ou à la Suisse, et consacrés, sans toutefois que l'exécution ait suivi, par le Ministre de l'instruction publique? Et l'instruction primaire, reconnue comme une dette de la patrie envers tous ses enfants; des écoles établies par toute la République, et « l'instruction et l'éducation devant y marcher ensemble et se prêter un appui mutuel; » ces écoles n'appartenant pas aux communes, mais considérées comme nationales; les instituteurs et les institutrices élevés par là même au rang de

« fonctionnaires publics; » ceux des campagnes, jouissant, comme ceux des villes, d'avantages « qui les fassent subsister dans une médiocrité honorable et républicaine; » une retraite promise à leur vieillesse; tout ce système, tout « ce plan simple et organique d'instruction nationale, » comme l'appelle Lakanal, ne se retrouve-t-il pas dans le projet de loi soumis il y a quelques mois à l'Assemblée nationale?

Ainsi, ces décrets eux-mêmes qui semblaient n'avoir eu qu'une existence si éphémère, vivent encore et vivront toujours en partie; et il arrive parfois que, quand nous nous tournons vers l'avenir, nous voyons devant nous ce que nous croyions avoir dépassé de si loin. Et si, pour les travaux de Lakanal, le temps a fait deux parts, laissant debout une partie de l'édifice et réduisant l'autre en ruines, du moins ce sont de ces ruines majestueuses que l'on ne saurait visiter sans y trouver, avec de pieux souvenirs, de fécondes inspirations.

C'est que, si la matière est périssable, l'esprit est immortel; et partout, dans l'œuvre de Lakanal, nous retrouvons l'écho de ces généreuses pensées qui, l'entraînant lui-même, entraînent la Convention. Comme il est pénétré de la grandeur de sa tâche! « A ce nom seul d'organisation des écoles, dit-il dans l'un de ses » rapports, un grand intérêt et une grande attente se réveillent » dans la Nation et dans la Convention ! » Comme il ressent douloureusement les calamités qui viennent d'atteindre les sciences et les lettres! Comme il insiste sur l'urgente nécessité des mesures réparatrices qu'il propose ! « Ces temps sont marqués par » l'irrésistible nécessité; oui, l'irrésistible nécessité. La tyrannie » a dévoré les génies les plus célèbres. Les flambeaux des sciences » à demi éteints éclairent à peine quelques individus isolés et » solitaires, et si vous ne vous hâtez de les rallumer, la République va se perdre dans les ténèbres. » Et quelle élévation encore dans ce passage! « Les événements qui ne s'arrêtent pas, » se calment, et les idées qui deviennent moins mobiles, deviennent aussi plus fécondes. Au dehors nous n'avons plus » qu'un cours régulier de victoires; au dedans nous ne sommes » plus agités que par le besoin de réparer les insultes faites à la » justice et les plaies faites à l'humanité... L'Europe se soumet à la » puissance de la République, la République se soumet à la puissance de la raison... C'est le moment où il faut rassembler dans » **un** plan d'instruction publique digne de vous, digne de la

» France et du genre humain, les lumières accumulées par les
» siècles qui nous ont précédés, et les germes des lumières que
» doivent acquérir les siècles qui nous suivront... C'est le moment
» de terminer la révolution dans la République française, et d'en
» commencer une dans l'esprit humain. »

Et nous aussi, nous sommes au moment de reconstituer notre système d'instruction publique(1)! Puissent nos modernes législateurs procéder à cette œuvre décisive sous l'inspiration d'aussi nobles et d'aussi hautes pensées! A la prudence, à la modération, à la maturité des vues qui conviennent à des temps tels que les nôtres, puisse l'Assemblée nationale unir la grandeur de l'époque que nous venons de rappeler! Et, se pénétrant de cette vérité qu'éclairer le pays, c'est peut-être le sauver dans l'avenir, puisse-t-elle ne pas reculer devant d'impérieuses mais salutaires nécessités : les dépenses de l'instruction publique, Lakanal l'a dit, et la Convention ne s'en est pas effrayée, sont « les » plus fortes », mais aussi les plus fécondes, « que la République » ait à soutenir en temps de paix (2)! »

IV.

Tout aux soins de ce que lui-même appelait sa *mission*, Lakanal, de 1793 à 1795, n'a pu jouer, comme personnage politique, qu'un rôle très-secondaire. A peine même venait-il aux séances : c'est au Comité, c'est dans les bureaux de l'Instruction publique, qu'il passait ses journées, heureux de trouver parfois dans ses méditations sur les besoins futurs du pays l'oubli de ses douleurs présentes. Plus d'une tempête agita l'Assemblée, dont le retentissement ne monta pas jusqu'à la paisible retraite de Lakanal. Seulement, quand la majorité était douteuse, on l'envoyait chercher au moment du vote. Pour le rendre assidu à des débats étrangers aux objets habituels de ses prédilections, il fallait presque une de ces luttes terribles où le sort du pays se décidait, parfois sous la pression d'une émeute, par la chute sanglante d'un parti.

Lakanal fut-il girondin? fut-il montagnard? L'un et l'autre tour à tour, disent quelques biographes, et ils lui reprochent la

(1) Ceci a été écrit en décembre 1848.
(2) Tous les passages que nous venons de citer, sont empruntés aux rapports sur les Écoles normales, centrales et primaires.

versatilité de ses opinions. Nous dirons, nous, que, s'il vota parfois avec les girondins, plus souvent, et notamment dans le grand procès de janvier 1793, avec les montagnards, il ne fut cependant, à proprement parler, membre ni de l'un ni de l'autre de ces partis (1). Était-il girondin, celui qui, dans sa vieillesse, jugeait encore avec la même sévérité, disons plus, avec la même passion, et « les intrigants de la Gironde, » et « cette députation de Paris, composée d'hommes cruels et avides de domination (2)? » Et d'un autre côté, malgré une conformité habituelle d'opinions et de votes, comment attribuer à la Montagne un nom qui figura sur l'une des premières listes de proscription, dressées par les vainqueurs du 31 mai? Heureusement l'homme que l'insurrection venait de faire tout-puissant, ne s'y trompa pas : sa haine avait des instincts plus sûrs. « Qu'on efface ce nom, dit Marat; Lakanal ne pense qu'aux sciences; il ne conspire pas. » Et son nom fut remplacé par un autre (3).

Et Marat avait dit vrai. Lakanal n'appartenait à aucun parti; il n'appartenait qu'aux sciences et aux lettres. Et si, plus tard,

(1) L'auteur de l'*Histoire des Montagnards*, malgré sa partialité pour ceux-ci, et le désir qu'il eût eu naturellement de comprendre Lakanal parmi ses héros, est ici pleinement d'accord avec nous. Dans un remarquable article sur l'illustre conventionnel, M. Esquiros dit : « Joseph Lakanal n'était guère attaché à aucun parti dans l'Assemblée nationale; il n'avait épousé d'autre cause que celle de la Révolution. » Voy. *Paris, ou les sciences, les institutions et les lettres au XIXe siècle*, t. I, p. 45.

(2) Ce sont les paroles mêmes de Lakanal. Nous les avons recueillies de sa bouche.

« Les députés de Paris, ajouta-t-il, auraient voulu faire de Paris une *Rome*, » dominant et entraînant tout le pays, et gouvernée par eux. »

Lakanal se plaisait à citer dans ses conversations l'*Histoire de la Révolution* de M. Mignet comme aussi fidèle que concise. Il y renvoyait souvent ceux qui l'interrogeaient sur les événements de la Révolution.

(3) M. Esquiros rapporte ce fait, *loc. cit.*, p. 46.

Il faut rendre justice à tout le monde. Marat, en sauvant Lakanal, ne pouvait ignorer qu'il sauvait un de ses adversaires les plus prononcés. Six semaines auparavant, dans la séance permanente des 13 et 14 avril, Lakanal avait prononcé à la tribune une de ces paroles qui ne s'oublient pas : « Moi qui trouve la vérité belle, *même dans la bouche de Marat!* »

Celui qui pensait ainsi de Marat, est accusé par une Biographie d'avoir plus tard demandé, au nom d'une commission, les honneurs du Panthéon pour l'auteur de l'*Ami du Peuple*. Le fait est faux.

Nous aurions bien d'autres démentis à opposer à cette Biographie. Elle dit Lakanal prêtre et vicaire général, et il n'a jamais été dans les ordres. Elle change le caractère et altère les dates de ses missions. Au surplus, on jugera par un seul exemple de quelle confiance est digne cette Biographie, trop souvent copiée par les compilateurs : Lakanal est né au pied des Pyrénées; elle le fait naître en Auvergne!

les terroristes le menacèrent de nouveau, c'est précisément
parce qu'il continuait à « ne penser qu'aux sciences. » A cette
époque, et c'est Lakanal lui-même qui nous le dit : « académi-
cien et aristocrate étaient synonymes. » L'ami, le défenseur des
savants et des gens de lettres, c'était donc l'ami, le défenseur
des aristocrates. Il fut, à ce titre, dénoncé à plusieurs reprises, et
surtout, selon sa propre expression (1), poursuivi en 1794 par le
Comité de salut public.

Qui le sauva ? Peut-être quelques souvenirs sur lesquels nous
ne chercherons pas à jeter le voile de l'oubli. Nous écrivons
une notice, et non un panégyrique : nous n'admettons point
cette vérité habilement tempérée dans laquelle se retranchent
volontiers les biographes. Une demi-vérité, ce n'est au fond
qu'une erreur. Et comme l'a si bien montré notre illustre
Arago dans ses inimitables Éloges, il n'y a de louange utilement
donnée que celle qui l'est impartialement.

On a porté contre Lakanal deux accusations : une déplorable
versatilité d'opinion, a-t-on dit, et nous avons repoussé ce re-
proche ; une grande exaltation révolutionnaire, et ici, on a dit
vrai.

Distinguons cependant.

L'ardeur républicaine de Lakanal va jusqu'à la haine la plus
passionnée, non contre le malheureux Louis XVI qu'il plaignit toujours, mais contre la royauté : trois fois il monte à la tribune pour
des motions étrangères à l'instruction publique, et trois fois ses
motions sont inspirées par le même sentiment, trois fois conçues
en termes violents et emportés. En juin 1793, il fait substituer
des noms républicains aux noms monarchiques de plusieurs villes ;
en avril 1794, il demande l'érection d'une colonne en mémoire
des citoyens morts le 10 août 1792 ; en octobre 1795, au lendemain de l'insurrection de Vendémiaire, il propose contre le parti
royaliste plusieurs mesures énergiques, et réclame le désarme-
ment immédiat des Sections qui venaient de marcher contre la

____

(1) Lettre écrite des États-Unis, en 1832, à Geoffroy Saint-Hilaire : « C'était,
» dit Lakanal, à l'époque où, quoique président du Comité d'instruction publi-
» que, celui de salut public et de sûreté générale me dénonçaient, me pour-
» suivaient comme l'ami, le défenseur des savants, tous réputés *modérés*,
» c'est-à-dire ennemis de la République. Vous rappelez parfaitement ces faits,
» et j'ose dire que vos dignes collègues au Muséum et à l'Institut se sont
» comportés en hommes de bien lorsqu'ils m'ont donné plusieurs fois des
» preuves de leur amitié. »

Convention. C'est donc toujours la royauté qu'il poursuit ou dans ses souvenirs ou dans ses espérances, et lui, d'ordinaire si mesuré, il ne sait pas se défendre alors de paroles irritées et acerbes (1).

Mais, de l'âpreté dans le langage passe-t-il jamais à la violence dans les actes ?

En 1793, la Convention l'envoie en mission dans les départements du midi (2) : il est investi de pouvoirs illimités, et reçoit du Comité de salut public des instructions qu'un conventionnel, de terrible mémoire, résume dans ces deux mots : *Tape dur !*

C'est ici que nous allons juger Lakanal.

Lui-même s'est plu à rendre compte de sa mission dans ces simples termes : « J'ai établi une manufacture d'armes à Bergerac (3), un dépôt de quatre mille chevaux près de la même ville, et je n'ai *point ordonné d'arrestation*. » Et voilà ce qu'il osait dire, écrivait en 1795 l'honorable Baudin des Ardennes (4) ; voilà ce dont je l'ai « entendu se vanter dans un temps où il y » avait du courage à le faire ! »

À nous de compléter ce trop simple exposé. Deux faits nous sont connus.

Vers la fin de 1793, Lakanal, alors en tournée dans les départements du sud-ouest, découvre la retraite où se cache un prêtre insermenté, son ancien camarade d'études à l'Oratoire. Le re-

(1) Lui-même en convient sans détour : « Je ne chercherai point, écrivait-il » en 1831, à justifier des expressions qui seraient fort inconvenantes aujour- » d'hui, et dont je me suis servi il y a un demi-siècle. Je ferai observer seule- » ment qu'il est peu juste de juger les hommes sans se transporter par la pensée » au temps où ils ont parlé. » *Lettre*, déjà citée, aux auteurs de la *Biographie des hommes du jour.*

« Quant à mes votes, » dit-il dans la même *Lettre* et dans son *Exposé*, p. 198, « je n'ai que quatre mots à dire, et je les emprunte au Saint-Père : » *La conscience avant tout.* »

(2) Il avait été précédemment envoyé, avec Mauduit, dans les départements de Seine-et-Marne et de l'Oise, afin de presser la levée du contingent.

Tout ce que rapportent certaines biographies sur les mesures qu'il aurait prises à Chantilly, est controuvé.

(3) Les premiers fusils fabriqués à Bergerac furent présentés à la Convention le 22 messidor an II par une députation dont le discours est reproduit par le *Moniteur*, p. 1202. On y lit ceci :

« En deux mois, Lakanal a créé cette manufacture, formé des ouvriers en tout genre, et la fabrication est portée en ce moment à 15,000 fusils, et le sera dans peu à 20,000, si Lakanal reste parmi nous, comme vous le demande le département de la Dordogne. Lakanal a fait nos chemins, terminé nos procès, secouru l'indigent.... »

(4) *Exposé*, p. 199.

présentant du peuple doit le faire arrêter, et c'est lui-même qui le sauve. Il le conduit, la nuit, jusqu'à la frontière (1). Une telle action s'appelait alors un crime capital !

A la même époque, le Comité de salut public reçoit de Périgueux une dénonciation contre Lakanal. Elle est examinée, reconnue fausse, et renvoyée à Lakanal lui-même.

La lettre suivante fut sa vengeance :

Au citoyen L...... père.

« J'avais reçu la mission expresse de te faire arrêter, parce que tu avais
» signé une pétition calomnieuse contre moi. Mais lorsque Lakanal est
» juge dans sa cause, ses ennemis sont assurés de leur triomphe : il ne
» sait venger que les injures de la patrie. Je t'obligerai lorsque je le
» pourrai. C'est ainsi que les représentants du peuple repoussent les ou-
» trages.
» Tu as cinq enfants devant l'ennemi : c'est une belle offrande à la li-
» berté. Je te décharge de la taxe révolutionnaire (2).

» LAKANAL. »

Voilà ce que fut Lakanal en mission ! Et le voici à son retour.

Après le neuf thermidor, on trouve dans les papiers de Couthon une dédicace très-compromettante de l'abbé Sicard. Lakanal le sait à peine qu'il court au nouveau Comité de salut public : il tâchera que l'affaire soit étouffée. On l'introduit dans le bureau de son collègue : celui-ci est absent. Lakanal n'hésite pas un instant ; la page fatale est arrachée, et quand revient le conventionnel : « Vous n'avez plus rien contre Sicard, lui dit Lakanal. Il n'y a plus de coupable que moi. » Le conventionnel s'emporte d'abord : c'est un abus de confiance que le Comité punira !... Mais sa colère dure peu : il prend la main de Lakanal, et lui dit : *Vous êtes toujours le même* (3).

(1) Notes recueillies par nous en 1838.
Nous lisons dans les mêmes notes ces paroles textuellement reproduites :
« Je n'ai jamais eu sur mes mains une goutte de sang, ni dedans une obole,
» mal acquise. »
(2) Pour obtenir la décharge de la taxe, L.... dut produire cette lettre et la déposer entre les mains des administrateurs. C'est ainsi qu'elle a été conservée. Près d'un demi-siècle plus tard, elle fut retrouvée dans les archives du département, et publiée par ordre du préfet.
(3) Le soir même, l'abbé Sicard était rentré en possession de la dédicace à Couthon, et il écrivait à Lakanal une lettre que celui-ci a mentionnée, *Exposé*, p. 197, mais non reproduite. On comprendra en la lisant quels motifs ont empêché Lakanal de publier ce témoignage de la reconnaissance de Sicard.
« Quand j'écrivais ces lignes au conspirateur Couthon, il jouissait de la con-
» fiance de la République entière, et il n'était encore connu que par un pa-

Heureux celui qui, à une telle époque, méritait qu'on lui dît une telle parole !

Tel fut Lakanal à la Convention. Il eut l'exaltation des hommes de son temps, et parfois leur langage dur et acerbe. Mais la source même où se passionne sa parole, est celle où il puise ses généreuses inspirations. Et quand finit la dictature conventionnelle, il a le droit de dire :

« J'ai souvent fait le bien ; j'ai quelquefois empêché de faire le mal. »

V.

La place de Lakanal était marquée dans le corps législatif qui allait succéder à la Convention : l'Ariége lui continua son mandat, quatre autres départements lui donnèrent le leur.

L'âge de Lakanal le plaçait dans le Conseil des *Jeunes* ou des *Cinq-Cents* : il en fut membre de la fin d'octobre 1795 au 20 mai 1797.

Ici encore, comme à la Convention, l'ami, le défenseur des intérêts des sciences et des lettres, efface en Lakanal l'homme politique. En dehors du cercle de ses travaux habituels, une seule de ses propositions eut quelque retentissement : il demanda et obtint, en janvier 1796, que chaque membre fût tenu de renouveler par écrit le serment de fidélité à la République et de haine à la royauté : faible garantie contre toutes ces conversions monarchiques que l'ardent républicain craignait déjà d'entrevoir à l'horizon !

Sauf cet unique épisode politique, Lakanal reste invariablement fidèle à sa mission.

» triotisme qu'on n'eût pu soupçonner sans être soi-même accusé d'incivisme.

» N'importe, j'aurais été jugé après les événements comme si j'avais pu les
» prévoir, et je dois à votre amitié surveillante d'avoir écarté cet orage. Vous
» en avez déjà reçu la récompense en faisant cette action généreuse. Celle que
» vous trouverez dans mon cœur, sera éternelle. Quel ami vous êtes ! Et qu'on
» est heureux d'être aimé de vous !..... Avez-vous retiré mon manuscrit de
» chez ce scélérat Couthon ? Cette pièce que vous m'avez envoyée, en était la
» première page. Que je suis humilié de m'être ainsi trompé sur son compte,
» mais toute la France l'était aussi.

» Salut et amitié de la part de Bonnefons et de

» Sicard »

Nous avons cité cette lettre d'après l'autographe de Sicard. On lit, au dos, ces mots écrits de la main de Lakanal :

« Je lui ai sauvé la vie en exposant fortement la mienne. C'était un des
» hommes les plus célèbres de l'Europe, et certainement un des plus utiles. »

Il continue l'organisation des Écoles centrales.

Organe d'un jury institué par la Convention, il fait décerner des encouragements et des récompenses aux auteurs de plusieurs livres élémentaires.

Il fait rétablir l'ancien Observatoire des Quatre-Nations, célèbre par les travaux de Lacaille, et fonder une chaire d'astronomie qu'occupe l'illustre Lalande.

Enfin il est l'organisateur de l'Institut, et la même main qui jeta naguère les fondements de notre système général d'instruction publique, en pose maintenant le magnifique couronnement.

Condorcet, Daunou, Lakanal, ces trois noms sont ici inséparables, et n'eussent-ils pas d'autres titres, ils iraient ensemble à la postérité (1).

Condorcet, en 1792, dans son immortel *Rapport sur l'organisation générale de l'instruction publique*, propose la création d'une société nationale des sciences et arts, clef de voûte de toutes nos institutions intellectuelles (2). Daunou, en 1794, fait inscrire cette grande pensée dans la Constitution elle-même, et en fait décider la réalisation immédiate par le mémorable décret du 25 octobre 1795. L'Assemblée était alors au moment de se séparer (3), et la loi organique de l'instruction publique, créant par son titre IV l'Institut national des sciences et arts, fut l'acte suprême de la Convention nationale.

Ainsi, à Condorcet, en 1792, la conception; à Daunou, en

(1) Citons aussi, pour être complet, Talleyran l et le remarquable rapport adressé par lui à l'Assemblée Constituante sur l'instruction publique. Talleyrand proposait la création d'un corps, à la fois enseignant et académique, qui eût réuni à peu près les attributions de notre Institut actuel et celle du Collége de France et de nos plus hautes écoles

(2) « Le dernier degré d'instruction, dit Condorcet, est une société nationale des sciences et des arts, instituée pour surveiller et diriger les établissements d'instruction, pour s'occuper du perfectionnement des sciences et des arts, pour recueillir, encourager, appliquer et répandre les découvertes utiles. »

Et l'illustre rapporteur ajoute :

« Ce n'est plus de l'instruction particulière des enfants, ou même des hommes, qu'il s'agit, mais de l'instruction de la génération entière, *du perfectionnement général de la raison humaine.* »

La société nationale devait se composer de quatre classes, savoir : 1° sciences mathématiques et physiques; 2° sciences morales et politiques; 3° *application des sciences aux arts*; 4° littérature et beaux-arts.

Voy. *OEuvres de Condorcet*, éd. de Brunswick, t. IX, p. 484.

(3) La dernière séance de la Convention eut lieu le lendemain 26.

1794 et 1795, la fondation de l'Institut; mais à Lakanal, en 1795 et 1796, l'organisation de ce grand corps.

Et ses travaux à cet égard avaient commencé sous la Convention elle-même, quand l'Institut n'existait encore que dans les vœux des membres du Comité de l'instruction publique. S'éclairant des lumières des savants, des gens de lettres, des artistes illustres qui l'entouraient, Lakanal, investi de toute la confiance de ses collègues, dressait la liste des quarante-huit membres qui devaient former le premier noyau de l'Institut, ou, comme on disait alors, *le tiers électeur*. Et qu'il se sentit fier et heureux d'une telle mission! Chez quel autre peuple eût-on pu la remplir aussi magnifiquement! Les hommes qui allaient inaugurer l'Institut, c'étaient Lagrange, Laplace et Monge, Lalande et Borda, Fourcroy et Darcet, Haüy et Daubenton, Jussieu, Adanson et Lacépède, Thouin et Parmentier, Grétry, Molé, Houdon, Pajou et Vincent, Sieyès et Garat, Daunou, Delille et Bernardin de Saint-Pierre!

Telle fut, et nous voudrions pouvoir la citer tout entière, cette admirable liste vraiment écrite sous la dictée de la voix publique. Lakanal en avait été l'interprète si fidèle que, sur les quarante-huit noms par lui proposés, quarante-sept furent définitivement admis; le quarante-huitième était celui de Méchain, auquel on substitua Lemonnier, mais qui entra presque aussitôt dans l'Institut par voie d'élection.

La Convention avait connu (1), et eût à son tour approuvé cette liste; mais, sur la proposition de Lakanal lui-même, elle s'abstint. Le Directoire allait prendre les rênes de la République : on voulut qu'une grande mesure, à laquelle pussent également applaudir tous les partis, honorât, et par là même affermît ce pouvoir naissant. C'est ainsi que l'Institut, décrété par la Convention, ne fut fondé et installé que par le Directoire.

La nomination du *tiers électeur* eut lieu vers la fin de novembre 1795, et sa première réunion le 15 décembre; Lakanal en avait préparé l'installation au Louvre. Aussitôt commencèrent les élections qui devaient compléter l'Institut. Lakanal fut appelé l'un des premiers à faire partie de la classe des sciences

(1) « Nous croyons, » dit Lakanal dans son rapport à la Convention, » que » l'Europe savante, chargée d'exprimer son vœu à cet égard, vous aurait présenté les hommes dont nous vous soumettons la liste. »

morales et politiques (1) ; il vint siéger le 22 décembre, et c'est seulement le 12 janvier que l'Institut put se réunir, enfin complété et provisoirement constitué.

Ses premiers travaux eurent pour objet la préparation d'un projet de loi sur son organisation intérieure, et quand ce projet fut présenté au Conseil des Cinq-Cents, c'est encore Lakanal qui en devint le rapporteur et le défenseur. Celui qui avait commencé l'organisation de l'Institut, eut donc aussi l'honneur d'y mettre la dernière main.

Il ne restait plus désormais qu'à l'installer solennellement. La première séance publique eut lieu le 5 avril 1796, en présence du Directoire, des ministres et du corps diplomatique. Il appartenait au créateur de l'Institut, à Daunou, d'en inaugurer la tribune ; mais Lakanal ne pouvait être oublié :

« Le voile est levé, dit Lalande prenant la parole après Dau-
» nou ; notre assemblée en est la preuve : le représentant La-
» kanal n'a cessé d'y travailler depuis 1792, et je dois être ici
» l'interprète de la reconnaissance des savants, parce que j'ai
» été le témoin de son zèle et de ses efforts pour parvenir à ce
» but, que semblaient négliger les savants mêmes, affaissés, dé-
» couragés par la persécution et la terreur. »

De telles paroles, en un tel jour, quand elles étaient prononcées par Lalande, applaudies par l'élite intellectuelle du pays, n'était-ce pas une belle et digne récompense? Et cependant, en ce moment même, Lakanal en trouvait dans ses souvenirs une plus belle et plus touchante encore : ne voyait-il pas à ses côtés Bernardin de Saint-Pierre, Lalande, Mercier, Bossut, et d'autres encore par lui noblement soutenus en des temps difficiles (2), Sicard qu'il avait sauvé (3), Garat (4) et Lacépède (5) qu'il

(1) L'auteur anonyme d'une *Note sur la création de l'Institut*, in-8, 1840, a cherché à contester les droits de Lakanal au titre d'organisateur de l'Institut Croirait-on que l'un des arguments sur lesquels il s'appuie, c'est l'absence du nom de Lakanal sur la liste du *tiers électeur ?* « Il oublie donc, s'écrie Lakanal (*Note en réponse*, in-4°, 1840), que cette liste était mon ouvrage ! »

(2) Les lettres qui constatent les services rendus par Lakanal à ces hommes célèbres, ont été conservés. Nous ne citerons que les remercîments de Lalande, parce qu'ils sont les plus noblement exprimés :

« Vous m'avez fait donner 3,000 fr. ; je vous réitère le serment de les em-
» ployer pour l'astronomie, ainsi que tout ce que j'ai. Je ne puis mieux vous
» remercier.   LALANDE. »

(3) Voyez plus haut, p. 20.

(4) Au sein du Comité de sûreté générale, Garat avait été dénoncé par Dumont (du Calvados).

(5) ... « Le citoyen Daubenton, écrivait Lacépède à Lakanal, en 1794, m'a

avait courageusement défendus, et Daubenton, dont la vieillesse lui avait dû un honneur jusque-là sans exemple (1)? Et quand chacun se sentait fier d'être assis entre de tels collègues, Lakanal ne devait-il pas se sentir heureux?

VI.

« Le bon citoyen, a dit Lakanal, accourt quand la patrie est » en danger; il rentre dans la foule quand le danger est passé. » Tel est le sentiment qui, en 1797, lui inspira la résolution de rentrer dans la vie privée. Mais si les électeurs de l'Ariége consentirent à lui en laisser goûter les douceurs, il eut peine à résister aux instances dont il fut ailleurs l'objet. Élu en 1798 membre du Corps Législatif par le département de Seine-et-Oise, il refuse aussitôt : on procède à une nouvelle élection, et c'est encore son nom qui sort de l'urne. Mais une si honorable insistance ne le fléchit pas, et il est à peine proclamé de nouveau qu'il donne en ces termes une nouvelle démission :

« Lorsque les armées ennemies étaient aux portes de la capi- » tale, j'ai accepté les fonctions périlleuses de représentant du » peuple ; aujourd'hui que les Alpes, les Pyrénées s'aplanissent » sous la marche triomphante des armées françaises, je me re- » tire à l'écart avec mes livres et quelques amis, les seuls biens » dont mon cœur soit avide. »

Cette fois les électeurs n'insistèrent plus, et Lakanal put revenir à ses amis et à ses livres. Mais ce ne fut que pour quelques mois. Le drapeau français venait d'être porté jusque sur le Rhin moyen, et quatre départements nouveaux s'étaient ajoutés à la République. Lakanal, désigné au Directoire par les souvenirs de sa mission dans le Midi, fut nommé commissaire général près les départements du Rhin; et cette fois il accepta. Administrer et pacifier, réformer de nombreux abus, faire le bien au nom de la République, et changer en citoyens affectionnés ces ennemis

» instruit de tout ce que vous avez fait pour mon retour au Muséum et pour » ma sûreté personnelle. »

(1) L'impression aux frais de la République, et à 4,000 exemplaires, d'un ouvrage de Daubenton (*Traité des moutons*), et le don de l'édition à l'auteur. Cette mesure fut votée par la Convention, sur la proposition et ensuite sur le rapport de Lakanal. « Il est digne, disait le rapporteur en terminant, d'une » nation qui couvre d'une protection éclairée les savants utiles à leur pays, » de leur faire trouver le prix de leurs travaux dans leurs travaux mêmes. »

de la veille, tel était son premier et son plus doux devoir (1). Mais, venu pour ces pacifiques travaux, il se trouve bientôt jeté dans les rudes labeurs de la guerre. L'ennemi reprenait l'offensive; Lakanal devint aussitôt l'un des énergiques défenseurs de Mayence, et telle était la confiance qu'il avait su inspirer, que les magistrats et les notables de la ville menacée demandèrent au Directoire d'investir Lakanal d'une autorité absolue. «Un tel homme, est-il dit dans la pétition, peut seul nous tranquilliser. »

En même temps, de Mayence sa sollicitude s'étendait sur les autres places fortes du Rhin : il les faisait approvisionner et mettre en état de défense, suffisant à tout par son infatigable activité et les ressources infinies de son esprit. C'était bien le même homme qui, cinq ans auparavant, faisait sortir pour ainsi dire de terre, et comme par enchantement, la manufacture d'armes de Bergerac.

La révolution du 18 brumaire mit fin aux travaux du commissaire général. Le Directoire tombé, son délégué remit ses pouvoirs.

Le premier Consul avait un coup d'œil trop sûr pour ne pas avoir jugé Lakanal. Très-peu de jours après son avénement, il lui écrivait : « Les services importants que vous avez rendus à » tant d'hommes distingués, vous mériteront dans tous les temps » des droits à l'estime des hommes. » Et quand Lakanal, de retour à Paris, vit le chef de l'État (2), il en fut reçu avec une

(1) Lui-même s'exprime ainsi dans le *compte rendu* de sa mission :

« Mon premier soin fut d'abord d'étudier la véritable situation des départements confiés à ma surveillance....., de me tracer un plan de conduite pour fonder, par la douce influence d'une administration éclairée, la révolution que la force de nos armes venait d'opérer dans ces contrées Cet examen réfléchi me convainquit que les peuples cis-rhénans avaient fortement soupiré après leur réunion à la France, mais que les exactions, les vols, les rapines inouïs des agents français les avaient excessivement refroidis. Il fallait rattacher à la métropole ces peuples généreux, sincères, sobres, laborieux et vraiment dignes de la liberté. Le moyen le plus direct et le plus sûr était évidemment d'opposer une digue puissante au brigandage, en poursuivant les pillards avec l'inflexibilité du destin. »

On va croire peut-être, d'après ces derniers mots, que les pillards payèrent leurs crimes de leur vie; la plupart ne furent pas même emprisonnés; mais ils furent destitués par des arrêtés ainsi conçus :

« Art. 1er. Le citoyen N... est destitué.

« Art. 2. Il est déclaré indigne de remplir aucune fonction publique dans les quatre départements, et son nom est voué au mépris des républicains. »

Nous voyons dans un autre document que Lakanal fit saisir et jeter dans le Rhin 100 tonneaux de viande de mauvaise qualité, 700,000 pièces de vin frelaté, etc.

(2) Un peu plus tard, Lakanal fut nommé par lui membre de la Légion

bienveillance qui eût pu éveiller l'ambition de tout autre. Pour lui, sa résolution ne fut pas un seul instant ébranlée ; plus que jamais, il voulait maintenant vivre pour « ses amis et ses livres. »

« Mais en ce temps-là, a-t-il dit lui-même, les dépositaires » suprêmes du pouvoir pouvaient dire, comme les soldats d'A- » lexandre : *Omnium victores, omnium inopes sumus.* » Lakanal, venu pauvre à Paris, était resté pauvre : il dut songer à « faire un honorable échange de son travail contre un juste salaire. » Il demanda et obtint une modeste chaire, celle de langues anciennes, dans l'une de ces écoles centrales qu'il avait organisées : c'est l'école de la rue Saint-Antoine, aujourd'hui Lycée Charlemagne, qui eut l'honneur de lui donner asile. « Je me suis assis sur la dernière marche, *comme la plus stable en soi,* » dit Lakanal, se faisant à lui-même la philosophique application d'une pensée de Montaigne.

En 1804, l'ancien président du Comité de l'instruction publique fut promu aux fonctions de procureur-gérant du Lycée Bonaparte. Il quitta, en 1809, l'Université, et devint inspecteur général des poids et mesures, auxquels on voulait enfin sérieusement appliquer le système métrique. Ces quelques lignes résument dix annés de cette vie autrefois si pleine et si agitée.

Et pourquoi ne nous est-il pas permis de nous arrêter ici !

Sous la Restauration, l'Institut est réorganisé, l'administration remaniée. Lakanal perd successivement et sa place et le titre inviolable qu'il devait à l'élection. En même temps sa pension d'universitaire émérite, « salaire de l'ouvrier à la fin de la journée, » lui est refusée, malgré des droits régulièrement constatés !

d'honneur. Il ne refusa pas, mais s'abstint de prêter serment, et ne reçut pas la décoration.

On peut désirer savoir ce que pensait Lakanal du grand homme qu'il n'avait pas voulu servir. Je trouve ce passage dans une lettre écrite par lui à Geoffroy Saint-Hilaire, en 1838 :

« Je venais de traverser la tribu indienne des Osages ; croiriez-vous qu'en » nous voyant, un de ces sauvages s'est écrié : *Salanché babichile*, Français » ami, et de suite après : *Bonparte ! Bonparte !* Quel homme ! *Ubi non dic-* » *tus Hylas !* La perte de la bataille de Waterloo n'a pas refroidi aux États- » Unis l'enthousiasme pour ce prodige de notre siècle... Quand un général » a su tout prévoir, et que dans l'action, son activité, son jugement et son » courage répondent à la sagesse des mesures qu'il a prises, n'a-t-il pas déjà » triomphé aux yeux de tout juge impartial ? Et si, par des malheurs impré- » vus, le laurier qu'il a mérité vient à tomber de ses mains, n'est-ce pas à » l'histoire à le ramasser soigneusement pour le replacer sur sa tête ? »

« Je devins donc *ilote, paria* dans mon pays, » s'écrie douloureusement Lakanal (1), et je dus en sortir (2), pour ne jamais y rentrer ! »

Lakanal soutint avec fermeté des rigueurs qu'il avait prévues.
Dès le milieu de 1814 il avait commencé à réaliser sa petite for-
tune ; et il était prêt pour l'exil quand, au 20 mars, l'horizon
politique changea tout à coup. Lakanal, comme tant d'autres,
attendit, espéra. Mais le drame merveilleux des Cent jours se
dénoua à Waterloo, et Lakanal, le cœur brisé, mit à la voile
pour New-York.

Son adieu à la France avait été digne de lui. A la nouvelle de
Waterloo, trente mille francs avaient été offerts par Lakanal
comme don patriotique : c'était tout ce qu'il possédait (3) !

VII.

Aux États-Unis, Lakanal fut reçu à bras ouverts ; on eût dit
qu'il venait de quitter la terre étrangère pour rentrer dans sa
patrie. Une vaste propriété lui fut concédée par le Congrès dans
l'Alabama, au Tombeckbée où Joseph Bonaparte, Grouchy,
Clauzel, Regnaud de Saint-Jean-d'Angély, Lescalier, établis-
saient une colonie française. En même temps le gouvernement
de la Louisiane lui offrait la présidence de son Université.

Au Tombeckbée il eût retrouvé des amis ; mais la vie de colon
était bien nouvelle pour lui.

Après un court voyage dans l'Alabama, il se décida à revenir
à la Nouvelle-Orléans, et il accepta la position éminente à laquelle l'appelaient les vœux de tous les universitaires.

Il la conserva plusieurs années, doucement partagé entre les
charmes de l'étude et les soins faciles d'une administration toute
paternelle. Ce fut une des époques les plus heureuses et les plus

(1) Lettre à Étienne Geoffroy Saint-Hilaire.

(2) Il est d'ailleurs tout à fait faux que Lakanal ait été « expulsé par une loi
de proscription », comme il est dit dans l'un des discours prononcés sur sa
tombe au nom de l'Institut. « J'ai quitté la France très-volontairement », dit
Lakanal dans une de ses lettres à Geoffroy Saint-Hilaire. Et dans une autre.
« Je n'ai pas été exilé de France. »

(3) Lébut, *loc. cit. :* « On loua Lakanal de son dévouement, est-il dit dans
» le précieux document auquel j'emprunte ce fait. Une larme vint aux yeux
» de Cambon qui lui serra la main. Mais tous ces projets en restèrent là. Ils
» ne pouvaient pas avoir d'autre suite. »

sereines de sa vie. Et qui ne serait frappé de ce rapprochement?
Après quarante années, Lakanal voyait réalisés ces plans d'a-
venir qu'il s'était plu à former sous les cloîtres de Bourges. C'est,
sous un autre ciel, sa destinée première qui s'accomplissait; et
ce terme que tout jeune il s'assignait à lui-même, le cours merveilleux des événements l'y avait conduit, mais à travers les
révolutions, mais en lui faisant rencontrer sur sa route le pouvoir, l'éclat, la gloire, mais aussi la calomnie, la persécution,
l'exil!

Lakanal resta jusqu'en 1825 à la tête de l'Université de la
Louisiane. Le gouvernement, qui reçut à regret sa démission,
lui donna pour successeur, sur sa demande, un Français, ancien élève de l'École polytechnique, collaborateur depuis plusieurs années et ami de Lakanal, qui aimait à l'appeler son gendre
adoptif.

Lakanal avait alors soixante-trois ans : un autre n'eût pensé
qu'à la retraite et au repos. Pour lui, on eût dit que le temps et
les événements avaient passé sur lui sans l'atteindre, et la rude
vie du colon, presque du pionnier, n'était pas plus au-dessus
des forces de son corps que de celles de son âme. Il partit pour
la colonie française du Tombeckbée, avec l'intention d'exploi-
ter le domaine qu'il avait reçu du Congrès. Mais, comme il
l'écrivait lui-même (1) à cette époque, la colonie « était tombée
pièce à pièce par la faute des colons. » Il modifia donc ses projets, réalisa de nouveau tout ce qu'il possédait, et «acquit sur les
rives romantiques de la baie de la Mobile une belle et productive
propriété, » et alla s'y établir pour le reste de ses jours; car,
ajouta-t-il, « *quoi qu'il arrive*, je ne rentrerai jamais en
France (2). »

Le voilà donc colon, et les États-Unis sont devenus sa seconde
patrie. Mais, dans le colon, se retrouve toujours l'homme d'é-
tude : il herborise; il décrit les productions de la nature; il ob-
serve les mœurs des sauvages dont il vit entouré : parfois il

(1) Lettre à Geoffroy Saint-Hilaire.

(2) Et ce parti pris, il renvoya au Muséum d'histoire naturelle un passe-
partout qu'il avait reçu en 1793 et emporté avec lui en Amérique. Quand, plus
tard, par des motifs qui vont être indiqués, Lakanal changea de résolution et
revint en France, les professeurs-administrateurs du Muséum s'empressèrent
de lui faire remettre un autre passe-partout sur lequel on avait gravé ces
mots ·

Le Muséum d'histoire naturelle à Lakanal.

explore au loin le pays (1). Et dans ce désert où il doit achever de vivre et de mourir, la patrie absente a toujours ses plus chères pensées. Dans toutes ses lettres à ses amis, ce qu'il demande, ce sont des graines de France : sous un ciel étranger, il pourra du moins vivre à l'ombre des plantes de son pays !

Tout à coup, au fond de l'Alabama, éclate comme un coup de tonnerre la grande nouvelle de la révolution de juillet. A l'instant même toutes les résolutions de Lakanal ont changé; il pourra revoir sa patrie, et, pensée plus douce encore, il pourra lui être utile (2). Et aussitôt il écrit au nouveau gouvernement pour offrir ses services.

Faut-il le dire? on ne lui répondit même pas !

Et lorsque plus tard l'Académie des sciences morales fut rétablie, une nouvelle offense fut faite à Lakanal : son nom illustre fut oublié parmi ceux des anciens membres réintégrés dans leurs droits par l'ordonnance réparatrice du 22 octobre 1832 !

Ce silence, cet oubli, ce fut, pour le cœur déchiré de Lakanal, la confirmation de l'exil. Le peuple lui avait rouvert les portes de la France, on les refermait devant lui !

Mais le moment de la justice allait venir. Le 22 mars 1834, l'Académie des sciences morales et politiques répare, par un vote unanime, l'erreur commise par le ministre, et déclare que Lakanal reprend de droit sa place dans la section de morale. Et cette délibération est transmise dans les termes les plus honorables à celui que l'Académie révère à la fois comme l'un de ses membres les plus illustres et comme l'un de ses fondateurs.

« A présent, je puis revenir, dit Lakanal, car *je rentrerai par la porte d'honneur* (3). »

Et il fit aussitôt ses préparatifs de départ.

(1) J'ai suivi l'Ohio depuis Pittsburg, écrivait-il en 1831 à Geoffroy Saint-Hilaire, jusqu'à son embouchure dans le Mississipi, et descendu le vieux père des eaux jusqu'à la Nouvelle-Orléans... J'ai recueilli beaucoup de plantes que je ne trouve pas dans le *Genera plantarum* de Jussieu. »

(2) « Je puis donc être encore utile à ma patrie ! » (Lettre à Geoffroy Saint-Hilaire, novembre 1830.)

(3) Lettre écrite en août 1834 à Geoffroy Saint-Hilaire, qui, en cette occasion, eut le bonheur d'être utile à Lakanal.

Nous avons sous les yeux l'extrait du procès-verbal de la séance du 22 mars 1834, qui fut envoyé à Lakanal en Amérique. L'illustre vieillard a ajouté au bas, de sa main, ces lignes touchantes :

« Nescio quâ natale solum dulcedine cunctos
» Ducit, et immemores non sinit esse sui.
Ovid., lib. II, *De ponto.*

» Cette délicieuse et profonde émotion, je l'ai éprouvée en rentrant dans ma

VIII.

Il n'avait fallu qu'un instant à Lakanal pour se décider : il lui fallut trois années pour briser les liens qui le retenaient en Amérique. On ne se défait pas aisément d'une propriété située à cent lieues de la Nouvelle-Orléans, au milieu des forêts vierges. L'élan de son cœur vers sa chère patrie fut ainsi douloureusement comprimé jusqu'en 1837, et l'Académie, qui l'avait rappelé, perdait de jour en jour l'espoir de le posséder jamais dans son sein. Est-ce à soixante-quinze ans qu'on traverse les mers pour recommencer une vie nouvelle?

Tout à coup, à peine attendu de quelques amis, Lakanal débarque à Bordeaux; peu de jours après il revoit la ville où, près d'un demi-siècle auparavant, il assista et prit part à de si grands, à de si terribles'événements ! Mais où sont les hommes de cette époque? Le temps les a emportés (1), et si quelques-uns ont survécu, leurs idées plus encore que leurs traits ont tellement changé, que Lakanal ne les reconnaît, ne les comprend plus (2). C'est un autre Épiménide qui se réveille dans une autre Athènes.

» chère patrie après vingt-deux ans à deux mille lieues de notre belle
» France. Ce bonheur inespéré, je suis fier de le devoir à un homme aussi il-
» lustre que mon bien cher confrère M. Geoffroy Saint-Hilaire. Ma gratitude
» envers lui sera impérissable...

» LAKANAL ,
»Doyen de l'Institut de France. »

Geoffroy Saint-Hilaire n'avait fait en cette occasion qu'acquitter une très-petite partie de sa dette envers Lakanal. (Voyez *Vie, travaux et doctrine* d'E. Geoffroy Saint-Hilaire, 1847, p. 24 et 417.)

(1) Et les lieux n'ont pas moins changé que les hommes. En mai 1838, Lakanal voulut revoir le modeste pavillon qu'il habitait en 1793, et où il aimait à passer loin du bruit de Paris, au milieu de pépinières et de jardins, près de ses amis du Muséum , tous les moments qu'il ne devait pas aux affaires. Celui qui écrit ces lignes l'accompagna et l'aida dans la recherche de son ancienne demeure. Elle existe encore au fond d'un long couloir qui s'ouvre sur la rue des Fossés-Saint-Marcel, n° 31. Mais qu'il fut difficile de la découvrir au milieu de toutes les constructions nouvelles qui l'entourent!

(2) Peu de jours après son arrivée, Lakanal apprend qu'un de ses anciens collègues à la Convention habite Paris. Il court chez lui, et demande M. T. — *Monsieur le comte* est sorti , lui répond-on. Et Lakanal revient chez lui, tout étonné d'avoir rencontré un noble comte où il s'attendait à retrouver un austère républicain.

Lakanal ne garda pas rancune à son ancien collègue; il le revit souvent, lui donnant même parfois, quand il lui écrivait , ce titre qui l'avait tant choqué d'abord. En ceci, Lakanal était fidèle à ses habitudes de politesse extrême

Mais Lakanal étonne autant qu'il s'étonne lui-même. Chacun s'attendait à le voir plier sous le fardeau des années et déjà presque un pied dans la tombe, et il semble que l'Amérique nous le rende tel qu'elle l'a reçu en 1815. A soixante-quinze ans il est encore dans la force de l'âge : ni les veilles terribles de 1793, ni le ciel brûlant des tropiques, ni les épidémies annuelles et meurtrières de la Nouvelle-Orléans, ni, plus cruelles encore, les douleurs de vingt-deux ans d'exil, n'ont eu le pouvoir de faire ni courber ni blanchir cette noble tête.

Et ce qu'il est au physique, il l'est au moral. Ses convictions sont restées aussi fermes, et il les exprime aussi vivement que jamais. A la richesse des souvenirs, à l'expérience, à la connaissance des hommes, trésors du vieillard, il allie cette pensée active et féconde qui semble l'heureux privilége de la jeunesse. Et il le sent si bien qu'au lieu de se tourner vers ce long passé qu'il a derrière lui, c'est vers l'avenir qu'il s'élance d'abord : il veut encore servir son pays. Un instant même il songe à se jeter de nouveau dans l'arène des partis : « La liberté orageuse,
» écrit-il en 1838, est préférable à un esclavage tranquille.....
» J'irai dans l'Ariége; je fus investi deux fois de la confiance de
» ce département; qui sait? J'ai la plénitude de mes facultés
» physiques et morales, et *la tribune n'a pas perdu ma mé-*
» *moire.* »

Mais bientôt d'autres soins le préoccupent : l'accueil qu'il a reçu à l'Institut, l'a touché profondément; il prend la résolution de payer ce qu'il appelle sa dette au corps illustre dont il est membre : il « justifiera l'honneur d'y avoir été rappelé, » et « vivra solitaire, loin des puissants, » pour se donner tout entier à l'étude et aux lettres.

Et cette résolution est exactement exécutée. Lakanal se prive, avant même d'en avoir joui, du bonheur de revoir ses amis; il s'enferme dans une profonde retraite, et deux ouvrages l'occupent jour et nuit : l'un est l'*Exposé sommaire de ses travaux* pendant la Révolution, recueil de pièces et de lettres souvent d'un grand intérêt; l'autre, un ouvrage considérable commencé depuis long-temps en Amérique, et qui, terminé vers 1840, fut, jusqu'au dernier jour de Lakanal, sa joie et son espérance,

et toute cérémonieuse. Nous avons assisté un jour à une visite que lord Brougham faisait à l'ex-conventionnel. *Votre Seigneurie*, disait Lakanal à lord Brougham, qui lui répondait : *Cher citoyen.*

espérance bien cruellement déçue! Cet ouvrage, dont souvent nous avions vu le volume manuscrit et le titre déjà imprimé (1), a mystérieusement disparu au moment de la mort de Lakanal! A-t-il été anéanti pour jamais? Est-il tenu en réserve pour reparaître un jour? Et quels motifs ont pu armer des mains impies contre le trésor le plus précieux d'un mourant, contre le testament qu'il laissait à la postérité? Impénétrable secret devant lequel ont échoué tous les efforts des amis de Lakanal. L'avenir le dévoilera-t-il?

Dans ces travaux qui, du moins le rendirent heureux, Lakanal atteignit sa quatre-vingtième année, toujours serein, toujours gai, nous allions dire, et lui-même le disait : « toujours jeune. » « Mon extrait de baptême est vieux, écrivait-il un » jour (2), mais non pas moi, et quand on me donne un grand » âge, je réponds comme Montcrif à Louis XV : *On me le donne,* » *mais je ne le prends pas.* »

Un coup, qui eût abattu un autre que lui, ne réussit pas même à l'attrister. Pressé de revenir en France, il avait quitté l'Amérique sans régler tous ses intérêts : le soin en avait été laissé à une personne indigne de confiance. Tout fut perdu, et Lakanal, qui s'était marié un peu après son retour et qui avait un jeune enfant, se trouva tout à coup dans la pauvreté. Mais il avait été pauvre si longtemps! il trouva naturel de le redevenir, et de mourir comme il avait vécu (3). Nous n'avons jamais entendu qu'un seul regret personnel sortir de sa bouche : il eût voulu, dans sa patrie, quelques rayons du soleil de l'Alabama.

A la fin de 1843, Lakanal reçut un témoignage éclatant de l'estime respectueuse de ses collègues de l'Académie des sciences morales et politiques : il fut élu, à la presque unanimité, vice-président pour 1844 et président pour 1845. Il fut vive-

(1) L'ouvrage devait se composer de trois forts volumes in-8, sous ce titre : *Séjour d'un membre de l'Institut de France aux États-Unis pendant vingt-deux ans.* Plusieurs fragments ont été lus à l'Académie des sciences morales et politiques.

Lakanal laissait aussi des notes précieuses sur la Révolution. Elles ont disparu avec l'ouvrage sur les États-Unis, et peut-être est-ce à cause d'elles seulement que celui-ci a été enlevé.

(2) A Geoffroy Saint-Hilaire.

(3) Il faut dire que Lakanal ne s'est jamais cru aussi pauvre qu'il l'était réellement. Il s'était fait, dans sa vieillesse, sur la valeur de ses biens d'Amérique, des illusions dont il lui resta toujours quelque chose.

ment touché : « Mais, dit-il, je suis vieux ; j'ai quatre-vingt-deux
» ans... La Rochefoucauld dit : *Il y a peu de gens qui sachent être*
» *vieux*, et j'ai médité cette maxime... Je me suis décidément
» dévoué au culte de cette dixième Muse à laquelle le sage Numa
» fit dresser des autels, et qui présidait à l'art d'écouter et de
» se taire. » Et malgré les instances de quelques amis, il refusa.

Lakanal, pour la première fois, venait de se dire vieux.
Avait-il donc senti les premières atteintes du mal qui allait nous
l'enlever !

Durant cet hiver même, il fut atteint d'un catarrhe, et obligé,
soins bien nouveaux pour lui, de garder quelque temps la
chambre et de se traiter en malade.

L'hiver suivant amena le retour de la maladie. Vers la fin
de 1844, il prit froid en sortant de l'Institut ; peu de jours après
il dut s'aliter, et à partir de ce moment ses forces déclinèrent
rapidement. L'un de ses plus chers collègues à l'Académie, un
ami qu'il aimait comme un fils, M. le docteur Lélut, l'entourait
en vain des soins les plus éclairés et les plus tendres : la mort
s'approchait de jour en jour. Le malade, aussi bien que le mé-
decin, connut bientôt toute la gravité du mal, et sa fermeté ne
se démentit pas un seul instant.

« Vos soins ne peuvent me sauver, dit-il un jour à M. Lélut,
» *il n'y a plus d'huile dans la lampe !* » Et à un autre de ses collègues : « Je vais paraître devant Dieu le cœur pur, les mains
» nettes (1). » Il consolait ses amis, comme si celui que la mort
allait frapper eût été seul au-dessus de ses atteintes.

Le 13 février plusieurs symptômes précurseurs d'une fin pro-
chaine s'étaient manifestés : la parole du malade, lente, faible,
semblait près de s'éteindre. C'est à ce moment même que, prenant la main de M. Lélut, et le retenant près de lui :

« Mon ami, dit-il, je n'ai plus rien à faire dans la vie ; il
» ne me reste plus qu'à bien la quitter... Je vais, ajouta-t-il en
» souriant, je vais, comme disait Rabelais, chercher le mot
» d'une grande énigme. Saint Augustin dit : *Deus, ens de quo*
» *valde dicitur, parum concipitur;* je n'en sais pas plus long que
» lui sur ce point... Je crois à la Providence. Qu'est-ce que c'est ?
» je ne le sais pas bien ; mais je me présenterai avec confiance
» devant elle. Je n'ai regret à rien de ce que j'ai fait, et je

____

(1) Discours prononcés sur la tombe de Lakanal, au nom de l'Académie des
sciences morales. — Esquiros, *loc. cit.*

» verrai arriver sans crainte le moment de m'en expliquer (1). »

Telles furent les paroles suprêmes de Lakanal ! Le soir même, une crise terrible avait commencé !

Le 14, dans l'après-midi, il parut cependant reprendre quelque force, et il voulut revoir une fois encore ses amis sur cette terre qu'il allait quitter : il ordonna qu'on allât chercher M. David (d'Angers) ; il voulut bien demander aussi celui qui écrit ces lignes… Ce furent ses derniers désirs, et ils étaient trop tardifs ; une heure après, nous arrivâmes tous deux au chevet de Lakanal… Il venait d'expirer !

IX.

La génération au milieu de laquelle Lakanal a vécu, avait failli le proscrire, et elle a fini par l'exiler : celle au milieu de laquelle il est mort a-t-elle rendu à sa mémoire de justes honneurs ?

Nous voudrions pouvoir le taire, mais la vérité a ses droits inviolables. Lakanal s'est éteint au milieu de l'indifférence et de l'ingratitude publiques. Quand le bienfaiteur des sciences et des lettres fut porté à sa dernière demeure, la députation officielle de l'Académie des sciences morales ne vit se joindre à elle que trois membres des autres classes de l'Institut, M. Carnot, M. Buchez, et quelques voisins : vingt personnes en tout, moins qu'au convoi

---

(1) Lébut, *Souvenirs* (inédits), sur Lakanal.

Nous trouvons les mêmes sentiments exprimés dans une lettre de Lakanal à Geoffroy Saint-Hilaire, datée du 12 janvier 1839. Elle se termine ainsi :

« L'illustre savant que je porte dans mon cœur depuis bien près d'un demi-
» siècle, ne saurait douter que je conserverai pour lui les mêmes sentiments
» jusqu'au moment où j'irai occuper mon dernier gîte, et après ? *Sub judice*
» *lis est*. Locke n'est pas mon homme. Une réflexion qui, je crois, m'est per-
» sonnelle, m'a toujours profondément préoccupé. Un individu souillé de
» crimes, un homme éminent par ses vertus, meurent en même temps et sont
» inhumés à la même heure. Si la conduite de l'un est la condamnation de
» la conduite de l'autre, le néant pour tous les deux me semble impossible ; le
» doute seul confondrait ma raison :

» *Ob quam rem, totus tuus ero usque ad obitum* ET ULTRA. »

Le 22 juin 1844, Lakanal, plus qu'octogénaire et déjà bien près lui-même de descendre dans la tombe, voulut rendre à Geoffroy Saint-Hilaire un dernier hommage. Son discours se termina ainsi :

« Adieu, jusqu'à ce que nous nous retrouvions réunis dans une meilleure
» vie, loin de cette vallée de larmes,

» Et dans un autre monde où l'équité préside,
» Où, dans le sein de Dieu, l'éternité réside. »

Ces mots sont d'autant plus dignes d'être recueillis qu'ils sont les derniers que Lakanal ait prononcés en public.

du plus obscur citoyen ! Des établissements eux-mêmes qui furent créés ou organisés par Lakanal, pas un, l'Institut excepté, n'avait songé à se faire représenter à cette solennité funèbre ! Et depuis, lequel d'entre eux a réparé son oubli ? lequel a rappelé par un monument, fût-ce même par une inscription, le nom de son fondateur !... Tous se sont tus, tous se taisent encore (1) !

Mais le gouvernement du moins, et aussi bien sous la monarchie que sous la République, a acquitté, pour les savants et les gens de lettres, une partie de leur dette sacrée envers une glorieuse mémoire. Dès 1845, un ministre au cœur généreux, M. de Salvandy, inscrivait le nom de la veuve de Lakanal sur la liste des pensionnaires du ministère de l'Instruction publique. En 1847, le Conseil municipal de Paris décidait qu'un terrain, gratuitement concédé par lui, conserverait, pour les respects de la postérité, les restes de l'illustre conventionnel. Et quelques mois après, M. Carnot, à peine porté au ministère par la Révolution de février, s'empressait de décider que le jeune fils de Lakanal serait élevé aux frais de la République dans l'un des lycées de Paris (2).

Honneur aux hommes de cœur qui ont accompli ces actes réparateurs ! Pour tout ce que nous devons à Lakanal, c'est bien peu sans doute, mais c'est un commencement, et la postérité fera le reste.

(1) L'Institut possède seul l'image de Lakanal : un admirable buste, spontanément exécuté par David (d'Angers), et donné par lui à l'Institut, est à l'entrée de la salle des séances.

En attendant que d'autres corps savants consacrent le souvenir de Lakanal, rappelons du moins les nobles et belles paroles prononcées dans de solennelles réunions, en 1839, par M. Chevreul, président de l'Institut, et en 1847 par M. Dubois, directeur de l'École normale. *Voy.* p. 3 et 13. On a vu aussi, p. 10, comment les professeurs-administrateurs du Muséum, au trentième anniversaire de la réorganisation de l'établissement, firent parvenir à Lakanal un témoignage de leur reconnaissance, d'autant plus digne d'être rappelé qu'il s'adressait à un proscrit.

(2) A la même époque, sur la demande d'un grand nombre d'élèves de l'École normale et des autres écoles, la rue où Lakanal a passé ses dernières années recevait de l'autorité municipale le nom de l'illustre conventionnel. Mais la décision n'a pas encore été exécutée : la *rue Lakanal* porte en ce moment le nom de *rue des Vosges*.

PARIS. — IMPRIMÉ PAR E. THUNOT ET Cᵉ, RUE RACINE, 28.